शूरवीर

डॉ. प्रदीप कुमार तिवारी साथी

ॐ

यह पुस्तक माँ सरस्वती के आशीर्वाद से हिंदी साहित्य को समर्पित है।

।।हिंदी साहित्य को सादर समर्पित।।

क्रम-सूची

प्रस्तावना

यह पुस्तक राष्ट्रप्रेम और भावनाओं के प्रति डॉ. प्रदीप कुमार तिवारी "साथी" की एक विशेष रचना है। यह पुस्तक भारतीय हिंदी साहित्य को समर्पित है। कवि प्रभु की विशेष रचना है और कविता मानव जाति की विशेष रचना है । माँ सरस्वती के आशीर्वाद से डॉ. तिवारी जीवन के किसी भी पड़ाव पर किसी भी प्रेमी की गहरी भावनाओं और इच्छाओं को लिखने में सक्षम हैं। जब वे जीवन के किसी भी बिंदु या नियमित जीवन के बारे में अपने विचार लिखते हैं, तो वे घटना के हर पल को लिखते हैं और शब्द चयन की विधि बहुत ही प्रशंसनीय होती है।

यह पुस्तक उनकी भावनाओं का एक बड़ा संग्रह है। वे राष्ट्रप्रेमी हैं। यह किताब जीवन के सभी पलों को समेटे हुए है। यह पुस्तक मानव प्रेम के लिए भावनाओं का आधार है और एक दूसरे के प्रेम को समझने के लिए बहुत उपयोगी है। वे संगीत शैली में लिखते हैं और यही शैली उन्हें साहित्य में विशेष बनाती है।

इस पुस्तक की समीक्षा के बाद मुझे विश्वास है कि यह पुस्तक हिंदी साहित्य और संगीत शैली लेखन का एक सृजन है। सभी पाठक इसे पसंद करेंगे और दूसरे व्यक्ति के प्रति प्रेम और अपने राष्ट्र के प्रति प्रेम के प्रति भावनाओं को समझेंगे। वास्तव में यह पुस्तक डॉ. प्रदीप कुमार तिवारी "साथी" की एक महान रचना है।

मैं अपने पाठकों और दुनिया के राष्ट्रप्रेमियों के लिए इस पुस्तक को लिखने के लिए डॉ. साथी को धन्यवाद और बधाई देता हूं।

सैनिक के जीवन की दुखद व्यथा है।

'शूरवीर' राष्ट्रप्रेम की अमर कथा है।

डॉ. राजेश कुमार शुक्ला

विभागाध्यक्ष, पत्रकारिता विभाग

आईएफटीएम विश्वविद्यालय मुरादाबाद।

भूमिका

डॉ. प्रदीप कुमार तिवारी 'साथी'

यह किताब राष्ट्रप्रेम की भावना पर आधारित है। प्रेम जीवन का आधार बिंदु है। हम दुख और खुशी की भावनाओं से भरे हुए हैं। कभी हम सुख का अनुभव करते हैं और किसी क्षण हमें दुख का अनुभव होता है। अपने जीवन में हम कई लोगों से मिले और अब कुछ याद हैं और कुछ याद नहीं हैं। यह पुस्तक राष्ट्र के लिए भावनाओं का संग्रह है। इस पुस्तक में कई सामग्री बहुत भावुक कर देने वाली है। उरी और पुलवामा हमले पर आधारित कविता बेहद भावुक कर देने वाली है. शूरवीर, जो शहीद हुए हैं, जंग का मैदान, मेरा हिंदुस्तान, खाक में पाक मिला देंगे, वंदे मातरम, मेरा मोबाइल और वतन के शहीदों को नमन आदि काव्य गीत सैनिकों के जीवन के विभिन्न क्षेत्रों पर आधारित हैं। हिन्दी साहित्य में इस पुस्तक का बहुत बड़ा योगदान है। प्रेम के क्षणों को इस पुस्तक में उपयुक्त शब्दों के माध्यम से व्यक्त किया गया है। लेखन की संगीत शैली इस पुस्तक का एक विशेष गुण है और यही गुण इसे अन्य पुस्तकों से अलग बनाता है।

राष्ट्रप्रेम की गहरी भावना 'शूरवीर' 'साथी संग्रह' से ली गई है। 'साथी संग्रह' 500 से अधिक काव्य गीतों का संग्रह है और जीवन के प्यार, दुख और खुशी के क्षणों के प्रति लेखक के लगभग 25 वर्षों के लेखन अनुभव का संग्रह है। यह पुस्तक लेखक की व्यक्तिगत भावनाओं और अनुभवों पर आधारित है। राष्ट्रप्रेम की भावना से संसार का कोई भी अछूता नहीं रह सकता। तो यह किताब उन लोगों के लिए बहुत उपयोगी है जिन्हें अपने देश से प्यार है।

वास्तव में यह पुस्तक पाठकों के लिए बहुत-बहुत उपयोगी है और जीवन में राष्ट्रप्रेम के रूपों को समझने का एक शानदार तरीका है। आशा है पाठकों को यह पुस्तक बहुत पसंद आएगी।

पावती (स्वीकृति)

सर्वप्रथम मैं माँ सरस्वती के पावन चरणों में नमन करता हूँ जिनसे मुझे लिखने सोचने और बोलने का आशीर्वाद प्राप्त हुआ। प्रस्तुत पुस्तक लिखने की प्रेरणा भी मुझे माँ के आशीर्वाद से ही प्राप्त हुई जीवन के प्रत्येक पल मुझे अपने आस पास माँ की ममता का आभास होता रहता है और माँ सरस्वती ही मुझे हर मुश्किल से बाहर निकलने का मार्ग दिखाती हैं।

इस किताब में लिखे गए गीत काव्य माता-पिता के प्रेम व आशीर्वाद से प्रेरित हैं और देश के अमर शहीदों को समर्पित किये गए हैं। इस पुस्तक को लिखने में मेरे परिवार पत्नी सीमा, बेटी प्रज्ञा और तृप्ति, मित्रों इंद्रमणि, राजू सिंह, सहकर्मिओं डॉ राजेश कुमार शुक्ला, डॉ भूपेंद्र कौर, डॉ मीरा अग्रवाल, डॉ अलका शर्मा, डॉ वेंकेटेश्वर मेहर, पूजा गुप्ता, विभागीय अधिकारीः कुलपति प्रोफेसर एम पी पाण्डेय, कुलसचिव प्रोफेसर संजीव अग्रवाल, निदेशक प्रोफेसर राजकुमारी सिंह आदि की सराहनीय भूमिका रही।

मैं उन सब लोगों का आभार व्यक्त करता हूँ जिन्होंने प्रत्यक्ष एवं अप्रत्यक्ष रूप से मुझे लिखने की प्रेरणा प्रदान की। और अंत में नोशन प्रेस का भी आभार व्यक्त करता हूँ जिनकी टीम ने मेरी रचनाओं को प्रकाशित कर पाठकों के समक्ष रखा।

आमुख

यह पुस्तक शूरवीर पूर्णतः राष्ट्रप्रेम को और देश के अमर शहीदों को समर्पित है। इसमें सैनिकों के भावों को चित्रित करने का प्रयास किया गया है।

1. हे भाग्य-विधाता

सब रत्नों से आभूषित होकर भी,
सागर जैसे शान्त पड़ा हैं।
सदियों से वतन का प्रहरी बन,
जैसे हिमालय अडिग खड़ा है।
बल बुद्धि हमें भी ऐसी ही दो,
ये बालक चरणों में तेरे पड़ा है।
फूलों सा हँसने का गुण दे दो,
अपनों संग झुकने का गुण दे दो।
बुरा भला पहचान सकूँ मैं,
धर्म अधर्म को जान सकूँ मैं।
साहस देना मुझको इतना कि,
हर पाप परास्त रहे मुझसे।
नेक राह पे सदा चलूँ मैं,
कभी कोई पाप न हो मुझसे।
झरनों सा बहने का गुण दो,
मेंहदी सा सहने का गुण दो।
पवन सी काया शीतल कर दो,
गंगा सा मन निर्मल कर दो।
हे भाग्य विधाता कृपा करो,
मुझे उत्तम जीवन का वर दो।

2. शूरवीर

भारत के तुम शूरवीर हो, तुम भारत के वीर जवान।
ममता, धर्म, सत्य, अहिंसा और तिरंगा अमर निशान।
धन दौलत पाकर मेरे बच्चों, माँ को भूल न जाना।
भारत माँ के बेटे हो तुम, बेटे का फर्ज निभाना।
हम अपना घर आँगन, खुशियों से महकायेंगे।
प्यारे प्यारे बच्चों को, पढ़ना लिखना सिखलायेंगे।
वतन के पहरेदार हैं हम, सरहद पर मिट जायेंगे।
अंग अंग कट जायें फिर भी, हम न शीश झुकायेंगे।
दुश्मन जो बढ़े सरहद की तरफ, दुश्मन की लाश बिछाना।
भारत माँ के बेटे हो तुम, बेटे का फर्ज निभाना।
घर घर में कोने कोने में, ज्ञान के दीप जलायेंगे।
सुख दुख हो या काम बड़ा, मिलकर हाथ बँटायेंगे।
आदर करेंगे मात पिता का, गुरू को शीश झुकायेंगे।
हर घड़ी हर स्थिति में हम, अपना फर्ज निभायेंगें।
भेदभाव न रखना कोई, सब पे प्यार लुटाना।
धन दौलत पाकर मेरे बच्चों, माँ को भूल न जाना,
भारत माँ के बेटे हो तुम, बेटे का फर्ज निभाना।

3. आतंकवाद

रग रग मे व्याप्त है नफरत और विवाद
समाज की इसी कमजोरी का नाम है आतंकवाद
डरी हुई है सारी जनता हो गया है मुश्किल जीना
कहर इस आतंकवाद का पड़ रहा है सबको सहना
जाति नही है कोई हमारी हम सब हैं वतन के वन्दे
कर देना है बन्द देश मे नेताओं के काले धन्धे
दलाली से नेताओं की जन्मा है आतंकवाद
हर जुल्मों से टकरायेंगे अब नही डरेंगे हम
जो सारी दुनिया कर न सकी वो काम करेंगे हम
जो काम कोई कर न पाये वो करते हैं हिन्दुस्तानी
इतिहास गवाही है इसका ये हस्तीं है बड़ी पुरानी
डरता नही जुल्मों से कभी हिन्दुस्तानी फौलाद
शान्ति प्रिय है देश हमारा सभी जानते हैं
लाखों कुर्बानी देने की हम क्षमता रखते हैं
आतंक का हर जरिया मिटा देंगें हम यहाँ से
जो भी हमसे टकरायेगा मिट जायेगा जहाँ से
जुल्मियों को सिखला देंगें हम जुल्म की औकात
बनकर सर्प छुपे हैं जुल्मीं अपने इसी समाज मे
जाति पाँति और भेदभाव की चिनगारी भड़का रहे
फूट डालते हैं घरों मे और जनता को लड़ाते हैं
दबती जा रही जनता सारी और वो बढ़ते जा रहे
अपराध वो करते हैं और हम होते हैं बदनाम
थोड़े मे ही कह देता हूँ जो कुछ है मुझको कहना
लड़ने के लिए आतंकवाद से मिलकर पड़ेगा रहना

रिश्वतखोर हुए अधिकारी कमजोर हुआ कानून
खून नसों का पानी हो गया ठण्डा हुआ जुनून
शासन की रिश्वतखोरी का अंजाम है आतंकवाद
रग रग मे व्याप्त है नफरत और विवाद
समाज की इसी कमजोरी का नाम है आतंकवाद

4. छूट रहा है ये परिसर

जो भी सीखा याद वो रखना, दस दिन के सत्संगों में।
छूट रहा है ये परिसर, दिल टूट रहा है टुकड़ों में।
दस दिनों का शिविर था ये, उद्देश्य हमारा सेवा था,
रहे साथ हमसब मिलजुल कर, भाव विचारों से मिलें,
साथ मिला तो मिली सभ्यता, प्यार जो हमने खोया था,
सर्वहित अभियान ये जारी, हम सभी रखेगें सदा,
विश्वास सुनहरा है दिल में, ये याद रहेगी आँखों में,
हाँ याद रहेगी आँखों में।
छूट रहा है ये परिसर, दिल टूट रहा है टुकड़ों में।
मिला है अवसर सुनहरा, मिलकर लें संकल्प सभी,
तन मन धन से मिलकर हम, ऐसा दीप जलायेगें,
कोना कोना होगा रोशन, ज्ञान मिलेगा जनता को,
रहना जलाते ज्ञान का दीपक, पाये न बुझने कभी,
बिखरेगी अब तो यह शिक्षा, ज्ञान के इन पुन्जों से,
हाँ ज्ञान के इन पुन्जों।
छूट रहा है ये परिसर, दिल टूट रहा है टुकड़ों में।
कहने से नही काम चलेगा, करके अब दिखलाना है,
देश के हित के लिए अब, सब कुछ हमें लुटाना है,
ये सुअवसर मिला है जिनसे, उनके हम आभारी हैं,
शीश झुकाकर चरणों में, हम आज विदाई लेते हैं,
हम छोड़ के जा रहे हैं अपनी, छाप इन बहारों में,
हाँ छाप इन बहारों में।
छूट रहा है ये परिसर, दिल टूट रहा है टुकड़ों में।
जो भी सीखा याद वो रखना, दस दिन के सत्संगों में।

छूट रहा है ये परिसर, दिल टूट रहा है टुकड़ों में।

छूट रहा है ये परिसर, दिल टूट रहा है टुकड़ों में।

5. राष्ट्र सेवा अपनाइये

पढ़ोगे न लिखोगे तो, बन जाओगे लफन्डर।
ज्ञान शक्ति बढ़ाओगे तो, बन जाओगे सिकन्दर।।
खाली दिमाग में शैतान रहता है,
बैठिए न खाली ये वक्त कहता है,
आये हो दुनिया में वास्ते कुछ काम के,
ज्ञान है सबकुछ, दौलत है बस नाम के,
देखकर सम्भाल कर, कदम ये बढ़ाओ,
राह कैसी भी हो, लेकिन न डगमगाओ,
बिगड़ने न पाये आदत, न बुरी हो संगत,
वक्त है विकास का, न भूल के गवांइये।
राष्ट्र है सबका, राष्ट्र सेवा अपनाइये।।
न ईर्ष्या न हो जलन, न भेद जाति-पाँति का,
प्यार दया उपकार ही, गुण है मानव जाति का,
धर्म नही यहाँ कोई, परहित से बढ़कर,
मानव है तू? तो मानव जैसा कर्म कर,
लड़ों न आपस में कभी, एकता बढ़ाइये,
होके एकजुट सभी, अधर्म को भगाइये,
वक्त है विकास का, न भूल के गवांइये।
राष्ट्र है सबका, राष्ट्र सेवा अपनाइये।।

6. तुम आगे बढ़ते जाना

तारों की तरह चमकना तुम, फूलों की तरह मुस्काना,
समय के साथ मेरे बच्चों, तुम आगे बढ़ते जाना।
अपनों के लिए अपने हो तुम,
औरों के लिए भी अपने हो।
राहों के मुसाफिर हो तुम,
दरिया के लिए तुम शाहिल।
हरपल आगे बढ़ते रहना,
भूल के भी मत रूक जानां
इक दिन मिल जायेगी खुद ही,
आप को मंजिल।
दुख न किसी को देना तुम, सबको प्यार लुटाना।
तारों की तरह चमकना तुम, फूलों की तरह मुस्काना,
समय के साथ मेरे बच्चों, तुम आगे बढ़ते जाना।
जलता हुआ तुम दीपक हो,
इन्साफ की उड़ती चिन्गारी।
तुम सबके विश्वास हो,
तुमपे निर्भर ये दुनिया सारी।
आन है तुझसे शान है तुझसे,
है तुझसे वतन की कुर्बानी।
तुम शूरवीर हो भारत के,
तुम भारत माँ की आश हो।
माँ की शान के लिए, गर मिटना पड़े तो मिट जाना।
तारों की तरह चमकना तुम, फूलों की तरह मुस्काना,
समय के साथ मेरे बच्चों, तुम आगे बढ़ते जाना।

7. साफ-सफाई

आप आये यहाँ ये मुझे गर्व है।
आप आये यहाँ ये मुझे गर्व है।
हम नहीं दे सके कुछ, ये मुझे शर्म है!
आप आये यहाँ ये मुझे गर्व है।
ज्ञान की एक बात बता दूँ तुम्हें,
साथ अपने हमेशा सफाई रहे।
तन मन हो निर्मल अपना सदा,
स्वस्थ रहें कुछ रहे न रहे।
मान लो बात मेरी ये कहता हूँ मैं,
भूल के भी कभी मत नशा कीजिए।
प्यार करिये सभी को अपने हैं सब,
मिलके जिन्दगी का मजा लीजिए।
न लाये हैं कुछ न ही ले जायेंगें,
तो करें भोग मिल बाँटकर हमतुम,
मानवता का तो यही धर्म है।
आप आये यहाँ ये मुझे गर्व है।
जो नही जानते वो भी जान लें,
अन्त तक साथ अपने रहेगा बदन।
गुल भी यही है गुलिस्ताँ भी ये,
आत्मा के लिए है ये प्यारा चमन।
रखो ध्यान अपने सेहद का हरदम,
ये उद्देश्य है इस मेरे गीत का।
कीटनाशक हो साबुन जो प्रयोग में,
तो गाड़ दो रोगों पे झण्डा जीत का।

आपके हित की बात को साथी,
आप तक पहुँचाना ही मेरा फर्ज है।
आप आये यहाँ ये मुझे गर्व है।
आप आये यहाँ ये मुझे गर्व है।

8. आज की सरकार

इक अम्बर के नीचे हैं, सब इक धरती पर रहते।

जाति-पाँति का भेद न कोई, सबको मेरा नमस्ते।

हो बसपा, भाजपा या सपा,

सब पब्लिक को लड़ा के लेते हैं मजा,

काली है बोली वस्त्र सफेद,

जनता पाये न इनका भेद,

छुपे सर्प हैं ये समाज के, सबको चुपके चुपके डसते।

इक अम्बर के नीचे हैं, सब इक धरती पर रहते।

जाति-पाँति का भेद न कोई, सबको मेरा नमस्ते।

पहचानना आसान है बार्डर पे दुश्मन को,

छूट है अय्याशी की इन जालिमों के मन को,

अपने स्वार्थ के खातिर जनता को मरवाते हैं,

पसीनों की जगह ये जालिम खून से नहाते हैं,

हमीं से है सरकार वतन की, हमीं दर्द को सहते।

इक अम्बर के नीचे हैं, सब इक धरती पर रहते।

जाति-पाँति का भेद न कोई, सबको मेरा नमस्ते।

खून पसीना देकर, पुरखों ने इसे सँवारा है,

कह दो इन गद्दारों से हिन्दुस्तान हमारा है,

आपस में लड़ाना नीति है जिनकी,

फौरन कब्र बना दो उनकी,

धिक्कार है उन्हें, जो डर के हैं रहते।

इक अम्बर के नीचे हैं, सब इक धरती पर रहते।

जाति-पाँति का भेद न कोई, सबको मेरा नमस्ते।

उद्देश्य है नेताओ का, बेचना है देश को,

गिरगिट के जैसे ये, बदलते हैं भेष को,
कानून चलायें अधिकारी, जरूरत नही नेताओं की,
खुद ही हिफाजत कर लेंगे, हम अपनी सीमाओं की,
आश यही थी, शहीदों की मरते-मरते।
इक अम्बर के नीचे हैं, सब इक धरती पर रहते।
जाति-पाँति का भेद न कोई, सबको मेरा नमस्ते।

9. जंग का मैदान

जंग का मैदान है, जीवन ये सुहाना।

कभी आँसू कभी मुस्कान, है दस्तूर पुराना।

कहीं गम की है महफिल, कहीं खुशियों का नजारा,

सुख दुख में है डूबा हुआ, संसार ये सारा,

मौत की फिकर क्यूँ, करते हो मेरे यार,

आने वाले को पड़ेगा, एक दिन जाना।

दुनिया का दर्द सहने को, मजबूर हैं सभी,

जो हँस रहे हैं आज, रोयेंगें वो कभी,

एक ही जमीं पे, बहारें है हजारों,

कहीं पे कड़ी धूप, कहीं मौसम है सुहाना।

गम देखकर निराश, न करो कभी मन को,

फौलाद की औलाद हों, सोचो जरा इसको,

हिम्मत न हारना, तुम यूँ राह में कभी,

दूर हो मंजिल भले, मंजिल को है पाना।

धोखा नहीं देना कभी, दे करके भरोसा,

मोहब्बत ही जिन्दगी है, याद रखना हमेशा,

मिलते हैं नये और, पुराने छूट जाते हैं,

बिछड़ने के गम में कभी, आँसू नहीं बहाना।

न हिंसक बनो, न हों रास्ते बुरे,

न आँसू दो किसी को, सबसे मिलो गले,

यूँ न व्यर्थ में गँवाना, अनमोल वक्त ये,

इक पल की जिन्दगी ये, हँसते हुए बिताना।

जंग का मैदान है, जीवन ये सुहाना।

कभी आँसू कभी मुस्कान, है दस्तूर पुराना।

परम आदरणीय भगवान परशुराम जी

10. मेरा वतन

ये मेरा मुल्क है मेरा वतन,
ये मेरा मुल्क है मेरा वतन।
इसकी शान की खातिर हम,
बाँध के निकले हैं सर पे कफन।
ये मेरा मुल्क है मेरा वतन,
ये मेरा मुल्क है मेरा वतन।
कदमों में लिए मंजिल को चले,
तूफानों से मिलते हुए गले,
नदियों का रूख मुड़ जाता है,
पर्वत पल में झुक जाता है,
हैं अपने इरादे इतने बुलन्द।
ये मेरा मुल्क है मेरा वतन,
ये मेरा मुल्क है मेरा वतन।
इसकी शान की खातिर हम,
बाँध के निकले हैं सर पे कफन।
बूँद पसीने की पड़ते ही,
सोना ये उगलने लगती है,
पड़तीं हैं जहाँ ये अपनी निगाहें,
वादी वो महकने लगती है,
कण कण में समाया है अपनापन।
ये मेरा मुल्क है मेरा वतन,
ये मेरा मुल्क है मेरा वतन।
इसकी शान की खातिर हम,
बाँध के निकले हैं सर पे कफन।

हम से अच्छा कोई दोस्त नही,
दुश्मन न कोई हम से बढ़कर,
जो नजर उठी दामन की तरफ,
वो शीश गिरा धड़ से कटकर,
लहराये तिरंगा ये धरती हो या गगन।
ये मेरा मुल्क है मेरा वतन,
ये मेरा मुल्क है मेरा वतन।
इसकी शान की खातिर हम,
बाँध के निकले हैं सर पे कफन।

भारत माता की जय

11. बेरोजगार की व्यथा

पढ़ा नही पढ़ने के दिन, अब पछताऊँ बैठे-बैठे।

पत्नी, प्यार, मित्र न नौकरी समय बिताऊँ कैसे।

बचपन से पढ़ते-पढ़ते मैं, आधा बूढ़ा हो गया।

मिली नहीं नौकरी मुझे, मैं घर का कूड़ा हो गया।

जब पढ़ने लिखने के दिन थे, मैं तो दिनभर सोया।

महसूस मगर होता है अब, मैंने क्या क्या है खोया।

पास परीक्षा कर लेता तो, गले होती फूलों की माला।

अच्छी सी शादी हो जाती, और होते साली-साला।

न कर्म किया न खुला रे साथी, मेरे किस्मत का ताला।

पड़े-पड़े बस फैट बढ़ा, और पेट से दूना हो गया।

बचपन से पढ़ते-पढ़ते मैं, आधा बूढ़ा हो गया।

मिली नहीं नौकरी मुझे, मैं घर का कूड़ा हो गया।

घर में कोई कदर नहीं, न बात ही कोई माने।

घर-परिवार, सगे-सम्बन्धी, अब मित्र भी मारें ताने।

जन्म से लेकर तीस बरस तक, जो करना है कर ले।

चाहे सो ले मूरख बन, चाहे ज्ञान की गागर भर ले।

तू चाहे तो कर्मयोगी बन, काम के मोती चुन ले।

और चाहे बन आलसी तू, अपना दामन काँटों से भर ले।

वक्त पे गर न जागा साथी, तो समझो जीवन सूना हो गया।

मित्र मेरे सब अफसर बन गये, मैं नौकरी को भटकूँ।

वो चलते हैं ए0सी0 कार में, मैं लोकल बस में लटकूँ।

वो कक्षा में पढ़ने जाते थे, मैं कैन्टीन में पढ़ता।

वो पढ़ते थे रात-रात, मैं रात-रात भर सोता।

बीता अवसर न आयेगा, रह गया हाथ को मलता।

साथ बैठ जो मौज किए, अब वो भी हो गये चलता।
जिसमें कोई फल न पत्ती, मैं पेड़ वो ठूँठा हो गया।
बचपन से पढ़ते-पढ़ते मै, आधा बूढ़ा हो गया।
मिली नहीं नौकरी मुझे, मैं घर का कूड़ा हो गया।
मैं कहता हूँ पढ़ लो भईया, पढ़ना है सबका श्रृंगार।
पढ़ने-लिखने की ये उम्र है, इसे करो न यूँ बेकार।
माना ऐसी उम्र में अच्छी, बातें कड़वी लगती हैं।
साथ में पढ़ने वाली की, निगाहें अच्छी लगतीं हैं।
हर दुःख सहकर भी माँ, बच्चे को 'पढ़ लो' कहती है।
सोच के पछता के गुजरे दिन, आँख से धारा बहती है।
अब पानी भी न पूछे कोई, रहते दो दिन भूखा हो गया।
बचपन से पढ़ते-पढ़ते मै, आधा बूढ़ा हो गया।
मिली नहीं नौकरी मुझे, मैं घर का कूड़ा हो गया।
आने से स्कूल तुम्हें, मिलेंगें शिक्षक मिलेगा ज्ञान।
आने वाले समय में, जग में बढ़ेगा तेरा मान।
स्कूल नही आकर तू सच्ची, निधि से वंचित हो जायेगा।
मेरी तरह ही तू भी साथी, कल रोयेगा-पछतायेगा।
लेकिन गुजरा हुआ ये अवसर, लौट के फिर न आयेगा।
समझ नही आयेगा तुझको, संग तेरे क्या हो गया।
बचपन से पढ़ते-पढ़ते मै, आधा बूढ़ा हो गया।
मिली नहीं नौकरी मुझे, मैं घर का कूड़ा हो गया।

नौकरी की तलाश में साथी

12. खाक में पाक मिला देंगे

छाती वज्र की बदन फौलाद बना रहे,
वतन का लाल सरहद पर, बनकर ढाल खड़ा रहे।
इन कायरों को कुछ ही मिनटों में मसल देगें,
बस साथ हमारे सारा हिन्दुस्तान खड़ा रहे।।

बार्डर पे फौजी खड़ा ही है, बनकर ढाल अड़ा ही है।
लेकिन ये नहीं लड़ाई बार्डर की, अब है ये लड़ाई अन्दर की।
हम सब भी वतन के फौजी हैं, हम सबको लड़ाई लड़नी है।
जहाँ दिखे गद्दार वतन का, उसकी वहीं पिटाई करनी है।
जो खाते हैं यहाँ, रहते हैं यहाँ, गुण पाकिस्तान का गाते हैं।
ऐसे कायर, कपूत को हम, खुल कर ये समझाते हैं।
गाँधी का दौर गुजर गया, अब भगत सिंह से नाता है।
जो दुश्मन को दुश्मन की, भाषा में ही समझाता है।
जिस दिल में प्रेम दया क्षमा है, उस दिल को तू घाव न दे।
आंसू बनकर तेजाब बहे, तू दिल को ऐसा भाव न दे।
वरना जर्रा जर्रा बारूद उड़ेगा, तू साँस नही ले पायेगा।
इतना मारेगें इस बार, तू लाश नही गिन पायेगा।
अगर हथियार उठा लिया, इस कदर से काटे जाओगे।
लेन्स लगाकर ढूंढ़ोगे तो भी, नक्शे में खोज न पाओगे।
एक-एक शव की खातिर, मारा एक-एक सौ जायेगा।
ऐ छिपकर तीर चलाने वाले, अब तू भी नही बच पायेगा।
अब की बार ये कायर पंथी, वजूद तेरा हिला देगें।
रोज रोज लड़ने का तेरा, जी भर के अरमान मिटा देगें।
'पौरुष' की परीक्षा लेना मत, वरना खाक में पाक मिला देगें।

13. दिवाली

अवसर ये दिवाली का, यूँ ही न निकल जाये।

कुछ जतन करें हम तुम, घर खुशहाली आये।।

क्या तुम्हें पता है क्यँ त्योहार मनाते हैं!

क्यूँ सजते सँवरते हैं? क्यूँ घर को सजाते हैं?

ये शुभ दिन होते हैं, हम हँस के मनाते हैं,

व्यवहार विचार से हम, नफरत को मिटाते हैं,

उदासी हैं जो चेहरे की, मुस्कान बन जाये।

गहने हों सोने चाँदी के, मोबाइल टच स्क्रीन हो,

शिमला, कश्मीर, नैनीताल में, घूमने की सीन हो,

दिन हो सारा मस्ती भरा, रातें भी रंगीन हो,

सर्वगुण सम्पन्न सभी हो, न कोई गुणहीन हो,

खुशियाँ ही खुशियाँ हों, दुख न कोई रह जाये।

कोना कोना रोशन हो, घर ऐसे सजाते हैं,

अँधियारा कहीं न रह जाये, इतने दीप जलाते हैं,

इन्सान हैं हम हैवान नही, ये त्योहार बताते हैं,

जाति, धर्म का भेद भूल, मानवता उगाते हैं,

मेरी प्रार्थना है हर आदमी, इन्सान बन जाये।

अवसर ये दिवाली का, यूँ ही न निकल जाये।

कुछ जतन करें हम तुम, घर खुशहाली आये।।

दीपावली की शुभकामनाएँ

सभी देशवासियों को दीपावली की हार्दिक शुभकामनाएँ।

हाथ जोड़कर निवेदन है कि प्रदूषण रहित दिवाली मनाएँ।।

आओ मिलकर मिट्टी के चिरागों से चहुँदिश रोशनी फैलाएँ।

साथी की गुजारिश है इतनी 'आग' नहीं हम बाग लगाएँ।।

14. मेरा हिन्दुस्तान

(सभी देश वासियों को 75वीं स्वतंत्रता दिवस की हार्दिक
शुभकामनाएँ)

दुआ करो मेरे साथ रहे सदा, हँसता हिन्दुस्तान।
रहे लवों पे सदा सभी के, भारत देश महान।
धूमिल न कभी होने पाये, जग में इसकी शान।
जाती है तो जाये भले ही, इसमें मेरी जान।
एक नहीं सौ दो सौ ऐसे, साथी इसपे कुर्बान।
सदा रहा है सदा रहेगा, न कभी झुका न कभी झुकेगा।
मेरा हिन्दुस्तान, मेरा हिन्दुस्तान मेरा हिन्दुस्तान।
मेरा भारत देश महान, मेरा भारत देश महान।
मेरा भारत देश महान, मेरा भारत देश महान।
जय हिन्द जय भारत।

15. यही wish मेरी है

(आदरणीय प्रधानमंत्री मोदी जी को 72वें जन्मदिन 17.09.2022
की हार्दिक शुभकामनाएँ)

आदरणीय प्रधानमंत्री मोदी जी

रहे स्वस्थ आपका हाल, ये यूँ ही मनता रहे हर साल।
वक्त हो चाहे जैसा आपकी, उन्नति हो हर हाल।।
यही wish मेरी है... यही wish मेरी है...
न नफरत न अपवाद, न जन्में कोई विवाद।
सबके दिल में बनके रहो तुम, इक मीठी सी याद।।
यही wish मेरी है... यही wish मेरी है...

मिले सबका प्यार दुलार, साथ में सदा रहे परिवार।
हर मुश्किल में जय हो आपकी, कभी न हो कोई हार।।
यही wish मेरी है... यही wish मेरी है...
हर सपना हो साकार, आपको खुशियाँ मिले अपार।
मिलें सफलता इतनी आपको, जाने सारा संसार।।
यही wish मेरी है... यही wish मेरी है...
कभी तंग न हो हालात, रहे मुस्कान लवों के साथ।
चाहे कोई भी मौसम हो, ठण्डी गर्मी या बरसात।।
यही wish मेरी है... यही wish मेरी है...
दें पितृवत आशीर्वाद, रहे शुभदिन ये सबको याद।
दुर्विचार मन में न उपजे, सब मिल काम करें इक साथ।।
यही wish मेरी है... यही wish मेरी है...

डॉ. प्रदीप कुमार तिवारी 'साथी'

16. बेटियाँ

दर्पण समाज का होती हैं बेटियाँ,
इक सूत्र मे परिवार पिरोती हैं बेटियाँ।
बेटियाँ ही हैं जो बनती हैं कभी बहू,
जीवन मे सुख दुख संजोती हैं बेटियाँ।
देवी के दर्शन को हम जाते हैं मन्दिरों मे,
वो घर ही है मन्दिर जहाँ होती हैं बेटियाँ।
ममता की देवी हैं ये दया का रूप हैं,
आँचल से प्रेम गंगा बहाती हैं बेटियाँ।
बचपन मे ये सजाती हैं बाबुल का आँगन,
बनकर बहू फिर घर को सजाती हैं बेटियाँ।
दुनिया समेट लेती हैं आँचल मे माँ बनकर,
सन्तान सुख संसार को देती हैं बेटियाँ।
एहसान कोई बेटियों का क्या चुकायेगा,
दुनिया मे वरदान ये होती हैं बेटियाँ।

17. अपनी सभ्यता

(साथी-संग्रह से संकलित और भारतीय सभ्यता पर आधारित)
यही है सभ्यता अपनी, यही अपनी वो भाषा है।
कि, सारे विश्व को ही हम, अपना घर बताते हैं।।
कोई नहीं अपना यहाँ, न कोई बेगाना है।
सभी हैं पास इस दिल के, प्यार ऐसे लुटाते हैं।।
ये मौला की धरती है, जमीं ये राम-कृष्णा की।
यहाँ पे हो सभी गर्वित, पावन पुण्य पाते हैं।।
कहीं है स्वर्ग धरती पर, कहीं जीवन जटिल भी है।
कहीं सावन के झूलों पे, गीत मौसम के गाते हैं।।
हम फौलाद के वंशज है, ये इतिहास कहता है।
कुछ भी हो बचन पे जान हम अपनी लुटाते हैं।।
यही है सभ्यता अपनी, यही अपनी वो भाषा है।
कि, सारे विश्व को ही हम, अपना घर बताते हैं।।

18. मेरा मोबाइल

मेरा मोबाइल टच स्क्रीन। मुझे दिखाये सारे सीन।।

इण्टरनेट चलता है इसपर। सारी खबरें मेरी उंगली पर।।

आगे आगे बढ़ता जाऊं। जो चाहूँ मै पढ़ता जाऊं।।

ज्ञानकोष को मेरे बढ़ाए। घर बैठे ये सैर कराएं।।

कोई प्रश्न हो कोई दुविधा। सबकुछ हल करने की सुविधा।।

मम्मी से चुपके कॉल करूं। मै पापा को मिस कॉल करूं।।

जब पापा की कॉल आये तो। मम्मी के हवाले फोन करूं।।

सबकी बात कराए ये मोबाइल। हमे गेम खेलाए ये मोबाइल।।

अब इसकी जरूरत है इतनी। धड़कन को साँसें जितनी।।

है दुनिया सारी मोबाइल पे। मरती है इसकी स्टाइल पे।।

पूरा शॉपिंग माल है इसपर। बैंक एकाउन्ट एक क्लिक पर।।

ऑनलाइन नेटवर्क है गहरा। मानव जीवन पर इसका पहरा।।

कोई अछूता नही है इससे। जुड़ा हुआ है ये नेटवर्क सभी से।।

हमको है ये सबसे प्यारा। हर लम्हा ये दोस्त हमारा।।

मेरा मोबाइल

19. वन्दे मातरम्

वन्दे मातरम्। वन्दे मातरम्।
वन्दे मातरम्। वन्दे मातरम्।
आजादी के उन दीवानों को कर लें याद हम
कदम पथो पे उनके लव पे वन्दे मातरम्।
वन्दे मातरम्। वन्दे मातरम् ।
लहराता हुआ तिरंगा ये हँसता हिन्दुस्तान
लाने के लिए जाने कितने लोग हुए कुर्बान
हँस के फंदा चूम लिए जो सह गये हर सितम्
आजादी के उन दीवानों को कर लें याद हम
कदम पथो पे उनके लव पे वन्दे मातरम्।
वन्दे मातरम् वन्दे मातरम् ।
पल भर मे जख्म हजारों जो हँस के सह गए
टूटे न जिनके हौसले कितने भी सितम हुए
अपने वतन के वास्ते जो कर गए हर करम
आजादी के उन दीवानों को कर लें याद हम
कदम पथो पे उनके लव पे वन्दे मातरम्।
वन्दे मातरम् वन्दे मातरम् ।
आजादी के उन दीवानों को कर लें याद हम
कदम पथो पे उनके लव पे वन्दे मातरम्।
वन्दे मातरम् वन्दे मातरम् ।

20. दो शब्द

कुछ स्थिति जमाने की, कुछ अपनों को अजमाने की,
जिस एहसास को हम आपसे, शब्दों में कहा करते हैं।
कुछ लोग कहते हैं, कि कुछ लोग खफा रहते हैं,
मगर हम क्या करें? हम तो सबसे वफा करते हैं।।

मैं उसके प्यार में बावला हो गया,
चिंता में सूख के साँवला हो गया।
उसकी प्यार भरी बातों को सुनते सुनते,
मैं तो मुरब्बें का आँवला हो गया ।।

बहुत दर्द होता है दोस्तों,
जब सजने से पहले टूटते हैं सपने।
जी चाहता है आग लगा दूँ सारे विश्व में,
'माचिस' से नहीं 'विचारों' से अपने।।

कभी गाते थे महफिल में मोहब्बत के तराने जो,
आज महफिल में वो उदास बैठे हैं।
नहाते डूबकर जो थे कभी दरिया में साथी,
किनारे आज वो होंठो पे लेकर प्यास बैठे हैं।।

किस शब्द से सम्बोधित मैं करूँ उन्हें,
महफिल में जो आज सबसे खास बैठे हैं।
नजर भर के मैं उन्हें देख भी नहीं सकता,
कि कुछ लोग उनके आस-पास बैठे हैं।।

21. दास्ताँ दिल की

तेरी अमीरी ने तुझे जितना दिया होगा,
मेरी गरीबी का भी मुझपे एहसान उतना है।
तूने पैसे को माना है मैंने अपनो को माना है,
फैसला वक्त का होगा सही अब कौन कितना है।
गुरूर तुझको है सूरत का और दौलत का,
तो सुन हमेशा साथ ये सब चल नही सकतीं।
मैं साँवला हूँ और दौलत भी नही मेरी,
लेकिन चमक मेरे वफा की ढल नही सकती।
जाना है! तो चले जाओ भले ही तोड़कर ये दिल,
मगर कमी मेरी कोई भी हो पूरी कर नही सकता।
मुझे तू भूल जाये ये तो मुमकिन है मगर सुन ले,
तुझे मैं भूल जाऊँ इस जनम् में हो नही सकता।
दगा देकर मेरे दिल को तूने तोड़ा है लेकिन,
बहें आंसू मेरी आँखों से ऐसा हो नही सकता।
मैं तेरी मुहब्बत मे कुछ ऐसा कर दिखाऊँगा,
जो अब तक हुआ नही और आगे हो नही सकता।
मुझे अपना नही सकती तो प्रण मेरा भी तू सुन ले,
सिवा तेरे जहाँ में मैं किसी का हो नही सकता।
सिवा तेरे जहाँ में मैं किसी का हो नही सकता।।

प्रेम का प्रतीक फूल

22. क्या है किसके लिए?

वादा है तोड़ने के लिए
साथ है छोड़ने के लिए
बात है बोलने के लिए
भेद है खोलने के लिए
याद है भूलने के लिए
खुशबू है सूंघने के लिए
रास्ता है चलने के लिए
वास्ता है कहने के लिए
गम है रोने के लिए
मिला है खोने के लिए
साबुन है धोने के लिए
बिस्तर है सोने के लिए
सामान है बेचने के लिए
पैसा है खरीदने के लिए
खुशी है हँसने के लिए
आंसू है बहने के लिए
भोजन है खाने के लिए
मंजिल है पाने के लिए
समस्या है समझने के लिए
झगड़ा है निपटने के लिए
धैर्य है रखने के लिए
दीप है जलने के लिए
बुराई है बचने के लिए
और कर्म है करने के लिए

साथी 'हार' के जिन्दगी से नाता न तोड़िए,
क्योंकि जिन्दगी मिली है जीने के लिए।

23. वतन के शहीदों को नमन

भारत के वीर जवान

वतन के शहीदों को नमन है प्रदीप का,
जो अरबों दिलो को अपना बनाते चले गये।
जैसे चिराग देता है औरों को रोशनी,
वो भी औरों के लिए खुद को जलाते चले गये।
ये देश है सिंहो का नजर इसपे न उठाना,
वो सारे जहाँ को इतना बताते चले गये।
वो जांबाज देश के, निर्भीक हो लड़े,
वतन पे जान अपनी लुटाते चले गये।
अरबों दिलों में याद बनके हो गये अमर,
वो देश का अभिमान बढ़ाते चले गये।
दुश्मन दिलों को वो, हिला दिये वजूद से,
उन्हें बंकरों सहित ही उड़ाते चले गये।

तिरंगे का रंग बन लहू नसों में घुल गया,
दुश्मनों का दम हलक में दबाते चले गये।
सोयें घरों में हम, यूँ ही चैन से सदा,
वो सरहद पे लहू अपना बहाते चले गये।
वो वीर पुत्र भूमि के, जम के जंग में,
छक्के दुश्मनों के छुड़ाते चले गये।
दिवाली पे छोड़ते हैं चन्द, फुलझड़ी हम तो,
वो बन्दूक से पटाखे दगाते चले गये।
घर में अंधेरा उनके भले हो गया मगर,
इक जोश का चिराग जलाते चले गये।
कर्ज दूध का भले उन पे उधार हो,
माटी से फर्ज अपना निभाते चले गये।
माटी से फर्ज अपना निभाते चले गये।
जैसे चिराग देता है औरों को रोशनी,
वो भी औरों के लिए खुद को जलाते चले गये।
वतन के शहीदों को नमन है प्रदीप का,
जो अरबों दिलो को अपना बनाते चले गये।
जैसे चिराग देता है औरों को रोशनी,
वो भी औरों के लिए खुद को जलाते चले गये।

24. जो सपूत शहीद हुए हैं (19.09.2016)

सिंह शहीद हुए हैं जो नाकाम न इनका शव जायेगा।
एक एक शव की खातिर मारा एक एक सौ जायेगा।
फौजी शान वतन की है वर्दी पहचान वतन की हैं।
खून के बदले खून बहेगा सबको कसम वतन की है।
जो कसम वतन से खाई है वो सारी कसम निभायेगे।
उनका खून नसों में जम जायेगा इतना खून बहायेंगे।

अगर जवानों के बदले
कोई नेता मारा जाता
तो हर मंत्री धरने पर होता
और हर चैनल ये चिल्लाता
खामोश जो संसद है अब तक
वो युद्ध का ऑर्डर ले आता
जो गूँज अभी है शहरों तक
हर शोर वो बार्डर तक जाता
बन्दूक से बातें होतीं ही न
अब तक एटम बम फट जाता
क्या है जबाब इस जुर्रत का
दुनिया को पता ये चल जाता
गर गोली मंत्री को छू जाती
तो संसद में हंगामा मच जाता
अब तक दिल्ली लाहौर में होती

कोहराम विश्व में छा जाता
कोई जाँच नहींए कोई बात नहीं
न समझौता कोई किया जाता
नस्लें भी डरतीं पैदा होने से
पाक का ये हाल किया जाता
अगर कोई आतंकी आकर
मंत्रियों पर यूँ तन जाता
तो हिंदुस्तानी फ़ौज का उत्सव
लाहौर में अब तक मन जाता
कुर्सी की लालच छोड़ के मंत्री
अगर देश का हिस्सा बन जाता
तो पाक की फिर औकात ही क्या
सारे विश्व का दुश्मन थर्राता
मंत्री जो होता देश भक्त
हँसकरए बलि वतन पर चढ़ जाता
तो फिर अरबों से लड़ने की
मुट्ठी भर पाक न कोशिश कर पाता
हर जवान मरने से पहले
सौकी सौ . लाश गिरा जाता
सदियों तक पढ़ती ये दुनिया
ऐसा इतिहास बना जाता
जो सपूत शहीद हुए है अभी
गर उनको मौका मिल जाता
तो मर्द कौन है पल भर में
पताए नामर्द पाक को चल जाता
अफ़सोस मुझे है मंत्री पर
लड़ने से है क्यूँ घबराता
यहाँ फ़ौज खड़ी है वीरों की
एक बार लड़ जाता नहीं क्यूँ

समझा समझा के हार गये
अब लातों से इसको कूटा जाता
पड़ती जब जूतों की मार
तो ऊँटए पहाड़ के नीचे आ जाता
रोज़ रोज़ चिल्लाने वाला तब पाक ये ठंडा पड़ जाता
रोज़ रोज़ चिल्लाने वाला तब पाक ये ठंडा पड़ जाता

25. वतन के वास्ते

कर दे सबकुछ समर्पण वतन को,
महका दे फूल बन के चमन को।
भूले न जिसको सारा जमाना,
ऐसा पैगाम दे तू अमन को।
वतन के वास्ते, वतन के वास्ते,
वतन के वास्ते, वतन के वास्ते,
कुर्बान जानेमन जाँ बदन को।।
माँ के आँचल का है तू दुलारा,
तू ही है माँ की आँखों का तारा,
दुश्मन गर नजर भी उठाए,
बन के फौलाद तू सामने आ,
बाँध ले अपने सर पे कफन को।
वतन के वास्ते, वतन के वास्ते,
वतन के वास्ते, वतन के वास्ते,
कुर्बान जानेमन जाँ बदन को।
कर दे सबकुछ समर्पण वतन को,
महका दे फूल बन के चमन को।
भूले न जिसको सारा जमाना,
ऐसा पैगाम दे तू अमन को।
करे दोस्ती गर कोई तो,
जान जाए तो कुछ गम नही हो,
गर करे दुश्मनी कोई दुश्मन,
तू मौत बन उसपे छा जा,
छू सके न कोई सरहद को।

वतन के वास्ते, वतन के वास्ते,
वतन के वास्ते, वतन के वास्ते,
कुर्बान जानेमन जाँ बदन को।
कर दे सबकुछ समर्पण वतन को,
महका दे फूल बन के चमन को।
भूले न जिसको सारा जमाना,
ऐसा पैगाम दे तू अमन को।
लाख ठोकर से भी जो न टूटे,
मौत के बाद भी जो न छूटे,
ऐसे पक्के हों गर जो इरादे,
तो बुलन्दी में छू ले गगन को।
वतन के वास्ते, वतन के वास्ते,
वतन के वास्ते, वतन के वास्ते,
कुर्बान जानेमन जाँ बदन को।
कर दे सबकुछ समर्पण वतन को,
महका दे फूल बन के चमन को।
भूले न जिसको सारा जमाना,
ऐसा पैगाम दे तू अमन को।
भूले न जिसको सारा जमाना,
ऐसा पैगाम दे तू अमन को।

26. ये हरगिज हमको मंजूर नही

फैशन के लिए भुला दूँ, मैं अपने वजूद को,
मैं सोचता हूँ कि, मैं इतना मजबूर नही।
माँ की कोख से जनम् लिया, आँचल में छिपकर सोया हूँ,
माँ का दूध पिया है, मैंने डिब्बे का दूध नही।
हिन्दुस्तान में रह के भी, करते गुणगान विदेशों की,
वो क्या देश चलायेगें, खुद क्या हैं? जिन्हें मालूम नही।
सबका चाहे सबको सराहे, अपने में समा लेती सबको,
हिन्दी से ज्यादा दुनिया में, भाषा कोई मजबूत नही।
पढ़ना लिखना अंग्रेजी में, बोल चाल अंग्रेजी है,
खुद को आजाद समझते हैं, आजादी का कोई सबूत नही।
अंग्रेज गये पर अंग्रेजी, भाषा शासन करती है,
आजाद जिस्म हो जुबां गुलाम, ये हरगिज हमको मंजूर नही।
माँ का दूध पिया है, मैंने डिब्बे का दूध नही।
फैशन के लिए भुला दूँ, मैं अपने वजूद को,
मैं सोचता हूँ कि, मैं इतना मजबूर नही।

27. मैं परमाणु बम हूँ

तू टेन्शन क्यूँ लेती है जब, कोई न टेन्शन मैं लेता हूँ।
जब भी गुस्सा मैं होता हूँ, उल्टे को सीधा लिखता हूँ।
यही लोग हैं यही देश है, यही जमाना है सारा,
मुझको गलत समझते हैं जब, सीधे को सीधा कहता हूँ।
इस लूले लँगड़े अन्धे समाज में, अन्धा बनकर ही रहना है,
ये जानते हैं मैं बहरा हूँ, लेकिन मैं सबकुछ सुनता हूँ।
तू पापी है पाप तू कर, मैं तुझको क्यूँ बोलूंगा,
तेरा किया मिलेगा तुझको, ये सोच के मैं चुप रहता हूँ।
मेरा भी खून उबलता है, बारूद नसों में है मेरी,
लेकिन मैं परमाणु बम हूँ, जल्दी फटने से बचता हूँ।
हे मानव मजबूर न कर, कुछ तो प्रकृति से तू डर,
वो सारी हिदायत दे दी मैंने, जो भी तुझको दे सकता हूँ।
तेरी है औकात ही क्या, तू बच्चा है तेरी बिसात ही क्या,
तू मुझको क्या बर्बाद करेगा, मैं हर मुश्किल से लड़ सकता हूँ।
यहाँ जो चाहे तू वो कर ले, सत्ता तेरी अधिकार तेरा,
यहीं धरा रह जायेगा, ये दौलत से रचा संसार तेरा।
छल कपट के खाते कर लिए पूरे, कितना और कमायेगा,
हैं यहाँ बपौती वेतन में, वहाँ डी ए कौन बढ़ायेगा।
प्यार पुष्य और न्याय धर्म में, जितना इन्क्रीमेंट लगायेगा,
उसका उतना ऊँचा आसन होगा, जितना न्याय कमायेगा।
किसी ऐरर में कोई करेक्शन, उस सिस्टम में नही होता है,
अच्छा आदमी हँसता है वहाँ, बुरा आदमी रोता है।
इस दुनिया की रीति यही है, साथी यहाँ पे ऐसा होता है,
जो नेक राह से भटक गया, वो सबकुछ पाकर भी खोता है।

अच्छा आदमी हँसता है वहाँ, बुरा आदमी रोता है।

28. अथक प्रयास

मैं अपनी असफलता को अपना हथियार बना लूँगा,
अपने सारे दुश्मनों को मैं अपना यार बना लूँगा।
क्या रोकेगी मुझे निराशा अपनी मंजिल पाने से,
मैं तो मुश्किल के काँटों को फूलों का हार बना लूँगा।
अथक प्रयास करूँगा मैं जीवन की नाव चलाने को,
चाहे कितने भी दुर्दिन हों हँस के परिवार चला लूँगा।
मेरा अहित चाहने वालों तुम सोचो अपने बारे में,
मेरा क्या? मैं तो काँटों से ही अपना संसार सजा लूँगा।
मैंने क्या तुमसे छीना है? तुमसे भला क्यूँ जलते हो?
जो नफरत तुम मुझसे करते हो, मैं नफरत से काम चला लूँगा।
दया धर्म मानवता क्या है? जीवन क्या है तू सोच जरा?
जो आये समझ में न तेरे, तो आना मेरे पास बता दूँगा।
गणना की चिंता मत कर, है तेरा रजिस्टर पास मेरे,
तेरे किए कुकर्मों से, मैं तेरे सुकर्म घटा दूँगा।
तू ऋणी है अपने कर्मों का, ऋण है तेरा अवशेष बचा,
शायद मैं भी पास से अपने तुझको आज भगा दूँगा।
नर पिशाच तू इस समाज का, हत्यारा तू मनुष जाति का,
कर वार विचार पे आज तेरे, जीवन साकार बना दूँगा।
ऐ लोभी नीच अधर्मी पापी, तू क्यूँ मुझपे हँसता है,
क्या है मेरे ईमान की कीमत, मैं तुझको आज बता दूँगा।
प्यार मेरा ईमान मेरा, सन्तोष मुझे इसको पाकर,
प्यार भरे इकपल के लिए मैं सारा संसार लुटा दूँगा।
तू जिस गुमान अभिमान में है, दौलत ये काम न आयेगी,
जब होगा अन्तिम फैसला तो निर्धन है कौन दिखा दूँगा।

मुझको इतना जख्म न दे कि दिल से आह मेरे निकले,
अवरोध न बन तू मेरी डगर का, ठोकर से तुझे हटा दूँगा।
न वीवी न बच्चे होगें वहाँ, कोई नही तेरा होगा,
और अधर्म न कर अब तू, मैं तुझको यही सलाह दूँगा।
भौतिक सुख सुविधा छोड़ दे तू, छोड़ दे भोग विलासों को,
तू अहंकार को छोड़ के आ जीवन का पाठ पढ़ा दूँगा।
मैं अपनी असफलता को अपना हथियार बना लूँगा,
अपने सारे दुश्मनों को मैं अपना यार बना लूँगा।
क्या रोकेगी मुझे निराशा अपनी मंजिल पाने से,
मैं तो मुश्किल के काँटों को फूलों का हार बना लूँगा।

29. मानवता

मानव तू पथ से भटक गया
है अधर में आकर लटक गया
उद्धार तेरा कैसे होगा अब
तू तो मायाजाल में अटक गया
तू जिसे आविष्कार समझता है
वो तेरे पतन का झरा है
तन की इसको पहचान नही
बारूद मिला जो छर्रा है
हे कर्ता तू करता है क्या
करता है तू क्या कर्म है जो
कर पहचान कर्म की करने से पहले
यहाँ कर्म सुकर्म कुकर्म हैं दो
अधर्म से वंचित धर्म तू कर
तू कर न कलंकित अपने तन को
दया धर्म और प्यार बढ़ाकर
तुम सृजित करो अपनेपन को
तुम सृजित करो अपनेपन को

30. इन्सान

इन्सान बस इन्सान है, हिन्दू न मुसलमान है।
इन्सान बस इन्सान है, हिन्दू न मुसलमान है।
खून एक जैसा है रगों में चाहे देख ले,
जरूरतें हैं एक सी तू चाहे जैसा वेश ले,
शरीर है उधार की तो काहे का गुमान है।
इन्सान बस इन्सान है, हिन्दू न मुसलमान है।
नमाज भी है प्रार्थना, पूजा भी है प्रार्थना,
साकार निराकार बस है मानने की धारण,
जाना है उसके पास जो सर्वशक्तिमान है।
इन्सान बस इन्सान है, हिन्दू न मुसलमान है।
भाषा देश वेश बाँटे, बाँटता जमीर क्यूँ,
जिसकी गोद में पला है देता उसको पीर क्यूँ,
ईमान जिसके पास है वो आदमी महान है।
इन्सान बस इन्सान है, हिन्दू न मुसलमान है।
फैली धारणा घृणित, ये तेरा है ये मेरा है,
स्वच्छन्द सोच कर सृजित, सारा विश्व ही बसेरा है,
साथी सारी सृष्टि में प्रेम मूल्यवान है।
इन्सान बस इन्सान है, हिन्दू न मुसलमान है।
धर्म तेरा कर्म है शर्म कर न कर्म से,
सत्य को गले लगा जीत कर अधर्म से,
रूप है यही तेरा तू स्वरूपवान है।
इन्सान बस इन्सान है, हिन्दू न मुसलमान है।
हे मानव तू इन्सान बन, गुनाह करना छोड़ दे,
अनमोल है जनम् तेरा मुक्ति अपनी सोच ले,

उतनी दी सलाह मैंने जितना मुझको ज्ञान है।
इन्सान बस इन्सान है, हिन्दू न मुसलमान है।
इन्सान बस इन्सान है, हिन्दू न मुसलमान है।

31. भारत देश हमारा है

भारत देश हमारा है, हमको जान से प्यारा है।

कायम रखना शान इसकी, ही सत्कर्म हमारा है।

यही कहा है यही कहेगें

कहते रहे हैं कहते रहेंगें

क्या?

भारत देश हमारा है, हमको जान से प्यारा है।

कायम रखना शान इसकी, ही सत्कर्म हमारा है।

अपने वतन के दुश्मनों का, करते हुए संहार चले,

कदम हटें न पीछे चाहे, तीर चले तलवार चले,

नही झुके हैं नही झुकेंगें

कभी किसी से नही डरेंगें

यही कहा है यही कहेगें

कहते रहे हैं कहते रहेंगें

कि

भारत देश हमारा है, हमको जान से प्यारा है।

कायम रखना शान इसकी, ही सत्कर्म हमारा है।

फौलाद के वंशज हैं हम, दुश्मन को बतला देंगें,

कदमों की ठोकर से, दिल दुश्मन का दहला देंगें,

नही झुके हैं नही झुकेंगें

कभी किसी से नही डरेंगें

यही कहा है यही कहेगें

कहते रहे हैं कहते रहेंगें

कि

भारत देश हमारा है, हमको जान से प्यारा है।

कायम रखना शान इसकी, ही सत्कर्म हमारा है।

32. खून का हिसाब

(उरी और पुलवामा के हमले में हुए शहीदों के खून का हिसाब)
हे मंत्री तुम सोचो जरा,
गर हमला ये तुम पर हो जाता।
छू करके बदन को दुश्मन का,
बारूद अगर ये निकल जाता।
क्या तब भी बस निन्दा करके,
कह जाँच ये पल्ला झाड़ा जाता।
दर्द है क्या उस माँ से पूछों,
है जिसका लाल चिर नींद मे सो जाता।
उस माँग से उसकी कीमत पूछों,
है सिन्दूर जिस माँग से पोंछा जाता।
कांधे पर लेकर पुत्र का शव,
हर बाप का कन्धा है झुक जाता।
बेशर्म हुई हैं सरकारें ये,
लहू है राजनीति पर चढ़ जाता।
जिसे सिंह समझ सत्ता दी सबने,
क्या वो खुद को कायर मान गया।
क्या जोश बदल गया कुर्सी पाकर,
क्या इन वीरों का लहू बेकार गया।
जनता को सरकार से जबाव चाहिए।
बहते हुए खून का हिसाब चाहिए।।
तू चुप रहा तो चुनाव में जबाव हम देंगें।
कभी जीतेगा नही जीतना भी ख्वाब बना देंगें।।
ये केवल मेरी ही नही सारी जनता की आवाज है।

भविष्य में दिखाई देगा जो वर्तमान का आगाज है।।

डॉ. प्रदीप कुमार तिवारी साथी

भविष्य में दिखाई देगा जो वर्तमान का आगाज है।।

33. सरकार जागो!

देश के लाल की फिर चिता जल गई।
विधवा पत्नी, बेटी बिन पिता हो गई।।
लाल आँचल का वतन पे कुर्बान हो गया।
सिन्दूर माँग का वतन की शान हो गया।।
कोई किस्सा नही ये कहानी नही
खून दरिया में बहता पानी नही
सुनो दास्ताँ ये सपूतों की है
प्रहरी बन जो खड़े ऐसे पूतों की है
टूटे रिश्ते सभी उजड़ा हर साज है
माँ के रोते हुए दिल की आवाज है
कि

जनम् दिया बड़ा किया अरमान से बड़े
वर्दी पहन के जाने दिया शान से बड़े
आँखों का तारा देश का सहारा बन गया
ये बात और है कि गुजारा भी चल गया
खुशियों को मेरे दुश्मनों की नजर लग गई
टूटा पहाड़ आर्मी से कॉल आ गई
बेटा तुम्हारा देश पे शहीद हो गया
इतिहास के पन्नों में तारीख हो गया
सरहद पे राजनीति बुरी नीति हो गई
सिंहों पे देखो गीदड़ों की जीत हो गई
मलाल नही लाल शव में बदल गया
तिरंगे को ओढ़ बेटा चिरनींद सो गया
गम है कि उनके इतने औकात हो गये

मार दी गोली चाहे सिर काट ले गये
खामोश हैं मंत्री चुपचाप है संसद
आखिर लहू बहेगा इस तरह कब तक
बहते हुए लहू का अब हिसाब चाहिए
क्या किया सरकार ने जबाव चाहिए

है एक बूढ़ी माँ की बद्दुआ विधान को
देती है श्राप विधवा सभी आला कमान को
लानत है अगर तूने इन्तकाम न लिया
मिटते हुए सिन्दूर को जबाव न दिया
चाह नही जंग खुले आम हो जाए
काम दुश्मनों का बस तमाम हो जाए

रिश्ता ससुर दामाद का अब खत्म कीजिए
गाँधी के बदले भगत सिंह को जन्म दीजिए
सरहद की बात अब नही संसद में कीजिए
पाक से समझौता सारा रद्द कीजिए
व्यापार अन्न सब्जी का भी बन्द कीजिए
उसको उसी की सरहद में घेर दीजिए
वक्त आ गया है अब न देर कीजिए

दूत कोई हिन्द में उनका न चाहिए
आवागमन हमें कोई उनसे न चाहिए
देखते हैं गोलियाँ कितनी उगाते हैं
लड़ने के लिए वो लहू कहाँ से लाते हैं
ठोस कदम अब तो उठाना ही पड़ेगा
औकात में उन्हें हमें लाना ही पड़ेगा

बिन लड़े जवान कितने हो गये शहीद
सरकार जागो अब तो पूरी हो गई है नींद
सूनी माँ की कोख बच्चे हो रहे अनाथ
विधवा पत्नियों का भला कौन देगा साथ
मर्द हो तो मर्दांगी का कुछ तो सबूत दो

किसी और घर अब न शव का ताबूत दो
कह रही हैं हाथों से टूटती ये चूड़ियाँ
आखिर विवश हो क्यूँ क्या हैं मजबूरियाँ
जोश है लहू का या डिब्बे का दूध है
कायर है तू या कि कोई राजपूत है
कागजों पर ही सही कुछ तो वार कर
शान इस तिरंगें की न शर्मशार कर
कुछ तो वार कर कुछ तो वार कर
कुछ तो वार कर कुछ तो वार कर

34. मेरे पापा

दुनिया के सबसे अच्छे पापा
सिपाही वतन के सच्चे पापा
पापा हरदम मुस्काते थे
हर मुश्किल से लड़ जाते थे
मेरे पापा की शान थी वर्दी
जिसपे कुर्बान उन्होंने जान भी कर दी
पापा जब भी घर आते थे
हमें घुमाने ले जाते थे
टॉफी विस्कुट चिप्स ले आते
जो भी माग़ूँ मैं वही दिलाते
संग संग खुश था सारा परिवार
ऐसे था पापा का किरदार
लिखने देश की तकदीर
पापा चले गये कश्मीर
ओढ़ तिरंगा वापस आये
वीर सपूत अमर कहलाये
पर अब कौन करेगा हमसे प्यार
मेला कौन दिखायेगा इस बार
मुझे मेला कौन दिखायेगा इस बार

स्मृतियाँ

तुझको अर्पण पुस्तक का विमोचन करते कुलपति प्रो. एम पी पाण्डेय जी

तुझको अर्पण पुस्तक का विमोचन करते हुए आईएफटीएम विश्वविद्यालय के चीफ प्रॉक्टर प्रो मनोज कुमार, कुलसचिव प्रो संजीव अग्रवाल, कुलपति प्रो. एम पी पाण्डेय और निदेशक प्रो नवनीत वर्मा

आईएफटीएम के शिक्षक डॉ. प्रदीप कुमार तिवारी उर्फ 'साथी' की पुस्तक का हुआ विमोचन

मुरादाबाद (विधान केसरी)। आईएफटीएम विश्वविद्यालय में स्कूल ऑफ सोशल साइंसेज के शिक्षा शास्त्र विभाग के विभागाध्यक्ष डॉ. प्रदीप कुमार तिवारी उर्फ 'साथी' द्वारा लिखित पुस्तक 'तुझको अर्पण' का विश्वविद्यालय के कुलपति प्रो. महेन्द्र प्रसाद पाण्डेय तथा कुलसचिव प्रो. संजीव अग्रवाल ने संयुक्त रूप से विमोचन किया। कुलपति प्रो. पाण्डेय ने डॉ. तिवारी को इस उपलब्धि के लिए बधाई देते हुए कहा कि पुस्तकें अमर होती हैं, जो पीढ़ी दर पीढ़ी लोगों को ज्ञान से ओत-प्रोत करती रहती हैं। कुलसचिव प्रो. अग्रवाल ने डॉ. तिवारी द्वारा लिखित पुस्तक की सराहना करते हुए कहा कि यह रचना साहित्य के क्षेत्र में मील का पत्थर साबित होगी। स्कूल ऑफ सोशल साइंसेज की निदेशिका प्रो. राजकुमारी सिंह ने डॉ. तिवारी की प्रशंसा करते हुए कहा कि आज के समय में साहित्य की रचना करना बेहद चुनौती भरा है। बहुत कम लोग लेखन में रुचि ले रहे हैं ऐसे में यह पुस्तक नए लेखकों को प्रेरित करेगी। डॉ. तिवारी ने बताया कि 50 गीतों के संग्रह वाली इस पुस्तक में प्रेम भावनाओं को गीत के माध्यम से दर्शाया गया है वहीं सामाजिक समस्याओं एवं राष्ट्र प्रेम को भी बड़े ही रोचक ढंग से प्रस्तुत किया गया है। साथ ही इस पुस्तक में सच्चे प्रेम को भी चित्रित करने का प्रयास किया गया है। 76 पृष्ठों की इस पुस्तक में तेरी जुल्फें, लव पे तेरा नाम एवं ऐसे न तड़पाओ गाने लोगों को बहुत पसंद आ रहे हैं। श्री तिवारी ने यह भी बताया कि 150 रुपए मूल्य की इस पुस्तक का प्रकाशन चेन्नई, तमिलनाडु के नोशन प्रेस ने किया है और पाठकों के लिए मलेशिया, भारत तथा सिंगापुर में बुक डिपो पर उपलब्ध होने के साथ-साथ यह अमेजन और फ्लिपकार्ट पर ऑनलाइन भी उपलब्ध है। युवाओं के दिल को छू लेने वाली यह पुस्तक डॉ. तिवारी उर्फ ह्रासाथीह्न की एक उत्कृष्ट रचना है। हिंदी साहित्य के प्रेमी डॉ. ह्रासाथीह्न ने बाढ़, बेरोजगारी, राजनीति, महिला सशक्तिकरण, प्रेम, ईश्वर, प्रकृति, आतंकवाद, शिक्षा व्यवस्था और मद्यपान आदि महत्वपूर्ण बिंदुओं पर अब तक लगभग 500 से अधिक गीत काव्य की रचना की है। डॉ. ह्रासाथीह्न के राष्ट्र प्रेम तथा उरी हमले के दर्दनाक दृश्य को चित्रित करते हुए सबको भाव विभोर कर देने वाली ह्यश्रद्धांजलिह्न पुस्तक शीघ्र ही पाठकों के लिए उपलब्ध होने वाली है। इस अवसर पर फार्मेसी के निदेशक व डीन प्रो. नवनीत वर्मा, चीफ प्रॉक्टर प्रो. मनोज कुमार, उप कुलसचिव श्री विपिन तिवारी, निदेशक जनसंपर्क एवं लीगल सेल श्री वीपीएस राघव, पत्रकारिता एवं जनसंचार विभाग के विभागाध्यक्ष डॉ. राजेश कुमार शुक्ला, सहायक कुलसचिव श्री शिव रविंद्र सिंह, श्री आशीष आदि उपस्थित रहे।

आईएफटीएम में मनाया होली उत्सव

आईएफटीएम में फूलों की होली खेलते शिक्षक व अन्य।

मुरादाबाद। आईएफटीएम विश्वविद्यालय के स्कूल ऑफ बिजनेस मैनेजमेंट में होली का पर्व पर होलिका उत्सव सेलिब्रेशन व कल्चरल ऑफिस स्पीकर का आयोजन किया गया।

स्कूल के शिक्षकों और कर्मचारियों ने एक दूसरे पर फूल, गुलाल उड़ाकर होली का उत्सव मनाया। इस अवसर पर स्कूल की निदेशक निशा अग्रवाल ने सभी को बधाई देते हुए उनके उज्ज्वल भविष्य की कामना की।

साथ ही उन्होंने कहा कि होली का पर्व आपसी भाईचारा का संदेश है। (संवाद)

डॉ. प्रदीप कुमार की पुस्तक का विमोचन

मुरादाबाद। आईएफटीएम विवि में स्कूल ऑफ सोशल साइंसेज के शिक्षा शास्त्र के विभागाध्यक्ष डॉ. प्रदीप कुमार तिवारी एवं अन्य की पुस्तक तुझको अर्पण का विमोचन हुआ। विवि के कुलपति भरेंद्र प्रसाद पांडे और कुलसचिव संजीव अग्रवाल ने संयुक्त रूप से इस पुस्तक का विमोचन किया। उन्होंने कहा कि पुस्तक अमर होती है, जो पीढ़ी दर पीढ़ी लोगों को ज्ञान से ओत-प्रोत करती रहती है।

कुलसचिव ने कहा कि यह रचना साहित्य के क्षेत्र में मील का पत्थर साबित होगी। स्कूल ऑफ सोशल साइंसेज की निदेशक राजकुमारी सिंह ने कहा कि साहित्य का क्षेत्र बहुत चुनौती भरा है। डॉ. प्रदीप कुमार तिवारी ने बताया कि भारत और सिंगापुर के विभिन्न बुक डिपो पर यह पुस्तक उपलब्ध है। इस मौके पर फार्मेसी के निदेशक और डीन नवनीत वर्मा, डिप्टी रजिस्ट्रार मनोज कुमार, उप कुलसचिव विपिन तिवारी, निदेशक जनसंपर्क राम लोचन सैल कॉर्डिनेटर राघव, एककाउंट हेड जनसंपर्क के विभागाध्यक्ष डॉ. राजेश कुमार शुक्ला, आशीष आदि मौजूद रहे। (संवाद)

आईएफटीएम में मनाया होली उत्सव

मुरादाबाद। आईएफटीएम विवि में होली उत्सव मनाया गया। विवि परिवार के सदस्यों ने सहभागिता की। सेलिब्रेट व कल्चरल ऑफिस स्पीकर रिलिंक में आयोजित कार्यक्रम में फूल व गुलाल उड़ाकर सभी को होली की शुभकामनाएं दी गईं। डॉ. निशा अग्रवाल ने होली पर्व का महत्व बताया।

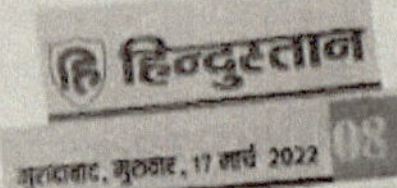

आईएफटीएम में होली उत्सव में शामिल शिक्षक-शिक्षिकाएं।

आईएफटीएम विवि में पुस्तक का विमोचन

मुरादाबाद। आईएफटीएम विवि में शिक्षाशास्त्र विभाग के प्रभारी डॉ. प्रदीप कुमार तिवारी की पुस्तक तुझको अर्पण का विमोचन कुलपति प्रो. चंद्र प्रसाद पांडेय व कुलसचिव प्रो. संजीव अग्रवाल ने किया। पंकज गौरी के सहज की पुस्तक को सामाजिक समस्याओं व राष्ट्र प्रेम की रोचक तरीके से वर्णित करने वाला बताया। डॉ. राजकुमारी सिंह, प्रो. नवनीत वर्मा, प्रो. संजीव कुमार, विपिन तिवारी रहे।

मुरादाबाद की आईएफटीएम विवि में पुस्तक का विमोचन करते कुलपति प्रो. चंद्र प्रसाद पांडेय व अन्य।

आईएफटीएम विश्वविद्यालय में होलीकोत्सव का आयोजन

मुरादाबाद। आईएफटीएम विश्वविद्यालय के स्कूल ऑफ बिजनेस मैनेजमेंट में होली के पर्व पर होलिकोत्सव 'सेलिब्रेट द कलर्स ऑफ लाइफ' का आयोजन किया गया। जिसमें स्कूल के समस्त शिक्षक व शिक्षणेत्तर

कर्मचारियों ने एक-दूसरे पर रंग-बिरंगे फूल तथा गुलाल उड़ाकर होली उत्सव मनाया। इस अवसर पर स्कूल की निदेशिका प्रो. निशा अग्रवाल ने सभी को बधाई देते हुए उज्ज्वल भविष्य की कामना की। प्रो. अग्रवाल ने बताया कि होली का पर्व आपस में भाई-चारा, मेल-जोल, प्यार और सद्भाव के लिए हम सभी को प्रेरित करता है। उन्होंने यह भी कहा कि होली खेलने के लिए हमें रंगों के स्थान पर गुलाल का प्रयोग करना चाहिए। रंग त्वचा और आँखों के लिए हानिकारक होते हैं, लेकिन गुलाल बहुत ही सुरक्षित होते हैं। इस दौरान स्कूल के सभी शिक्षक और कर्मचारी उपस्थित रहे।

आईएफटीएम के शिक्षक डॉ. प्रदीप कुमार तिवारी उर्फ 'साथी' की पुस्तक का विमोचन

मुरादाबाद। आईएफटीएम विश्वविद्यालय में स्कूल ऑफ सोशल साइंसेज के शिक्षा शास्त्र विभाग के विभागाध्यक्ष डॉ. प्रदीप कुमार तिवारी उर्फ 'साथी' द्वारा लिखित पुस्तक 'तुझको अर्पण' का विश्वविद्यालय के कुलपति प्रो. महेन्द्र प्रसाद पाण्डेय तथा कुलसचिव प्रो. संजीव अग्रवाल ने

संयुक्त रूप से विमोचन किया। कुलपति प्रो. पाण्डेय ने डॉ. तिवारी को इस उपलब्धि के लिए बधाई देते हुए कहा कि पुस्तकें अमर होती हैं, जो पीढ़ी दर पीढ़ी लोगों को ज्ञान से ओत-प्रोत करती रहती हैं। कुलसचिव प्रो. अग्रवाल ने डॉ. तिवारी द्वारा लिखित पुस्तक की सराहना करते हुए कहा कि यह रचना साहित्य के क्षेत्र में मील का पत्थर साबित होगी। इस अवसर पर फार्मेसी के निदेशक व डीन प्रो. नवनीत वर्मा, चीफ प्रॉक्टर प्रो. मनोज कुमार, उप कुलसचिव विपिन तिवारी, निदेशक जनसंपर्क एवं लीगल सेल वीपीएस राघव, पत्रकारिता एवं जनसंचार विभाग के विभागाध्यक्ष डॉ. राजेश कुमार शुक्ला, सहायक कुलसचिव शिव रविंद्र सिंह, आशीष आदि उपस्थित रहे।

आईएफटीएम विश्वविद्यालय के शिक्षक डॉ. प्रदीप कुमार तिवारी उर्फ साथी की पुस्तक

डॉ. प्रदीप कुमार तिवारी उर्फ साथी की पुस्तक तुझको अर्पण का विमोचन करते कुलपति डॉ. महेन्द्र प्रताप पाण्डेय व अन्य।

डॉ. प्रदीप कुमार की पुस्तक का विमोचन

मुरादाबाद। आईएफटीएम विवि में स्कूल ऑफ सोशल साइंसेज के शिक्षा शास्त्र के विभागाध्यक्ष डॉ. प्रदीप कुमार तिवारी उर्फ साथी की पुस्तक तुझको अर्पण का विमोचन हुआ। विवि के कुलपति महेंद्र प्रसाद पांडे और कुलसचिव संजीव अग्रवाल ने संयुक्त रूप से इस पुस्तक का विमोचन किया। उन्होंने कहा कि पुस्तकें अमर होती हैं, जो पीढ़ी दर पीढ़ी लोगों को ज्ञान से ओत-प्रोत करती रहती हैं।

कुलसचिव ने कहा कि यह रचना साहित्य के क्षेत्र में मील का पत्थर साबित होगी। स्कूल ऑफ सोशल साइंसेज की निदेशिका राजकुमारी सिंह ने कहा कि साहित्य का क्षेत्र बेहद चुनौती भरा है। डॉ. प्रदीप कुमार तिवारी ने बताया कि भारत और सिंगापुर के विभिन्न बुक डिपो पर यह पुस्तक उपलब्ध है। इस मौके पर फार्मेसी के निदेशक और डीन नवनीत वर्मा, चीफ प्रॉक्टर मनोज कुमार, उप कुलसचिव विपिन तिवारी, निदेशक जनसंपर्क एवं लीगल सेल वीपीएस राघव, पत्रकारिता एवं जनसंचार के विभागाध्यक्ष डॉ. राजेश कुमार शुक्ला, आशीष आदि मौजूद रहे। ब्यूरो

निदेशक प्रो राजकुमारी सिंह और सहायक प्राध्यापक डॉ भूपेन्द्र कौर को होली के शुभ अवसर पर तुझको अर्पण पुस्तक सप्रेम भेंट करते डॉ साथी

www.ingramcontent.com/pod-product-compliance
Lightning Source LLC
Chambersburg PA
CBHW022051150726

47990CB00003B/1052